Contraste insuffisant

NF Z 43-120-14

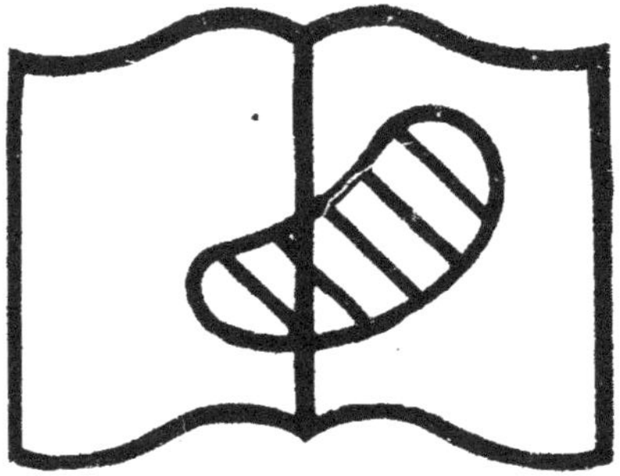

Illisibilité partielle

Original en couleur

NF Z 43-120-8

Couverture inférieure manquante

CONFÉRENCE

FAITE

A L'ÉCOLE IMPÉRIALE DES PONTS ET CHAUSSÉES

SUR

L'HISTOIRE DE L'ADMINISTRATION

ET

DU CORPS DES INGÉNIEURS

DES PONTS ET CHAUSSÉES

PAR

LÉON AUCOC,

MAÎTRE DES REQUÊTES AU CONSEIL D'ÉTAT

PARIS

DUNOD, ÉDITEUR,

SUCCESSEUR DE VICTOR DALMONT

CONFÉRENCE

FAITE

A L'ÉCOLE IMPÉRIALE DES PONTS ET CHAUSSÉES

SUR

L'HISTOIRE DE L'ADMINISTRATION

ET

DU CORPS DES INGÉNIEURS

DES PONTS ET CHAUSSÉES

Paris. — Imprimé par E. Thunot et Cᵉ, rue Racine 26.

CONFÉRENCE

FAITE

A L'ÉCOLE IMPÉRIALE DES PONTS ET CHAUSSÉES

SUR

L'HISTOIRE DE L'ADMINISTRATION

ET

DU CORPS DES INGÉNIEURS

DES PONTS ET CHAUSSÉES

PAR

LÉON AUCOC,

MAÎTRE DES REQUÊTES AU CONSEIL D'ÉTAT.

———•••◦⟩⟨◦•••———

PARIS

DUNOD, ÉDITEUR,

SUCCESSEUR DE V^{or} DALMONT,

Précédemment Carilian-Gœury et Victor Dalmont,

LIBRAIRE DES CORPS IMPÉRIAUX DES PONTS ET CHAUSSÉES ET DES MINES,

Quai des Augustins, n° 49.

———

1867

Extrait des *Annales des ponts et chaussées*, tome XII, 1866.

FAITE

A L'ÉCOLE IMPÉRIALE DES PONTS ET CHAUSSÉES

SUR

L'HISTOIRE DE L'ADMINISTRATION

ET

DU CORPS DES INGÉNIEURS DES PONTS ET CHAUSSÉES

Messieurs, l'histoire des institutions administratives offre un enseignement précieux à bien des points de vue.

En comparant les institutions anciennes avec celles qui nous régissent aujourd'hui, on comprend mieux les raisons d'être de l'organisation actuelle des pouvoirs publics, on en apprécie les bienfaits, on ne s'exagère pas les inconvénients qu'il est impossible d'éviter; on ne risque pas de prendre pour des innovations et des progrès le retour à des systèmes condamnés par l'expérience.

Cette étude de l'histoire a encore un intérêt considérable pour l'application même de la législation. Elle seule peut faire comprendre le sens exact de beaucoup de textes anciens qui ont survécu aux changements de notre organisation politique et administrative, par exemple de ces règlements antérieurs à 1789 auxquels il faut remonter si souvent pour trouver les règles du service de la voirie et des eaux.

Enfin lorsqu'on a, comme vous, l'honneur d'appartenir à un corps qui a vu se perpétuer dans son sein, depuis un siècle et demi qu'il est créé, des traditions de savoir, de zèle et de désintéressement, on ne peut se soustraire au devoir d'étudier l'histoire de ce corps, de rechercher les changements, les progrès de son organisation et de recueillir les traditions des hommes qui l'ont illustré, pour se mettre en état de les continuer dignement.

C'est à ces divers titres que je suis amené à exposer devant vous l'histoire de l'administration et du corps des ingénieurs des ponts et chaussées.

Il y a quelques années, les matériaux épars de cette histoire étaient enfouis dans les archives du ministère des travaux publics. Il a fallu beaucoup de travail, de patience, de discernement pour les recueillir et les coordonner. Grâce aux soins de M. Vignon, ingénieur en chef, directeur des archives et du dépôt des cartes et plans au ministère des travaux publics, une partie considérable de cette histoire a été récemment mise en lumière. Les savantes études de M. Vignon sur les voies publiques en France au dix-septième et au dix-huitième siècle nous fournissent de précieux renseignements sur la marche qu'ont suivie jusqu'en 1789 les travaux compris dans le service des ponts et chaussées, et sur les hommes qui ont ordonné ces travaux ou qui en ont dirigé l'exécution. J'ai puisé largement dans ces études au mérite desquelles j'avais à cœur de rendre hommage. Pour les années postérieures à 1789, les recherches étaient assez faciles et j'ai pu sans peine conduire jusqu'à nos jours le résumé d'une histoire qui naguère était trop peu connue.

Il me paraît utile, dans l'exposé que je vais faire, de présenter successivement l'histoire des autorités chargées de diriger le service des ponts et chaussées et celle des hommes de l'art qui ont été associés à leur œuvre et ont marché sous leur direction.

Quant aux mesures prises et aux travaux exécutés par l'action combinée de ces différents organes de l'administration, j'en ai donné une idée sommaire dans ma première leçon. Ce n'est pas le moment d'y revenir avec les développements nécessaires. J'y toucherai très-brièvement, tantôt en vous parlant des hommes qui les ont commandés, tantôt en vous entretenant de ceux qui les ont exécutés.

Il ne faut pas remonter au delà du seizième siècle pour trouver les origines de l'administration chargée de diriger le service des ponts et chaussées. Jusqu'en 1508, la royauté n'a pas eu d'agents spéciaux pour veiller à l'entretien, à la réparation des voies publiques et des ponts destinés à les relier. Elle n'avait pas de ressources qu'elle pût affecter à cet objet; il n'y a eu d'exception que pour le pavé de Paris, à partir du règne de Philippe-Auguste. Le petit nombre d'ouvrages publics qui exigeaient des travaux s'entretenaient presque exclusivement au moyen de péages. Quelquefois on y pourvoyait au moyen d'impositions spéciales sur les habitants des localités intéressées, ce qu'on appelait alors des *crues* sur les aides, les gabelles, les tailles, ce que nous appellerions aujourd'hui des centimes additionnels aux contributions directes ou indirectes.

La grande occupation de l'autorité publique était de veiller à ce que le produit des péages fût employé à l'entretien des ouvrages pour lesquels ils étaient établis; car il arrivait souvent que les ouvrages étaient tombés en ruine et que les péages étaient toujours exigés des passants.

Pendant les quatorzième et quinzième siècles, on voit de nombreux édits qui condamnent cet abus et qui enjoignent aux officiers de justice, prévôts, baillis et autres de les réprimer, et au besoin de faire exécuter les travaux au moyen des deniers qu'ils auront saisis. Parfois, des commissaires du roi sont spécialement désignés pour cette mission. Le prévôt de Paris en était investi pour tout le ressort de la vicomté de Paris.

Mais, au commencement du seizième siècle, de nouveaux officiers sont spécialement chargés, à titre permanent, de la surveillance des voies publiques. Un édit du 15 octobre 1508, énumérant toutes les fonctions des trésoriers de France, leur attribue qualité à l'effet de « voir ou faire voir

« et visiter tous chemins, chaussées, ponts, pavés, ports et
« passages du royaume, et eux informer et faire informer
« et enquérir de l'état en quoi ils sont ; et s'il y en a aucuns
« esquels, pour le bien de nous et de la chose publique, il
« soit besoin de faire réparations et emparements, de les
« faire faire de nos deniers, au regard de ceux qui sont en
« notre charge, et des autres qui sont en la charge d'au-
« trui, et qui pour ce faire ont et prennent péages, pa-
« vages, barrages et autres trens ou devoirs, qu'ils les con-
« traignent, en leur regard, à les faire faire selon qu'ils y
« sont tenus. »

Qu'était-ce que les trésoriers de France ?

C'étaient primitivement des officiers de la maison du roi,
chargés de la gestion de ses domaines. Il n'y en avait d'a-
bord qu'un seul. Le roi Jean en avait porté le nombre à
quatre. Dès les premières années du quatorzième siècle, ils
étaient administrateurs souverains du domaine du roi, et
ordonnateurs de toutes les dépenses de sa maison, et de
toutes celles qui n'avaient pas la guerre pour objet. En
outre ils étaient juges de tout le contentieux du domaine
royal.

Ils résidaient à Paris. Mais ils faisaient dans tout le
royaume des chevauchées annuelles, chacun dans le département qui lui était attribué.

Peu de temps après l'édit de Louis XII, qui leur attribuait
le pouvoir de surveiller les voies publiques, leurs offices
furent unis à ceux des généraux des finances qui existaient
depuis 1355, avec la mission de veiller à la répartition et
au recouvrement des impôts, d'en ordonner l'emploi et
d'en recevoir les comptes.

En même temps, une transformation grave s'opérait dans
leur situation. L'édit de janvier 1551, qui opérait cette réu-
nion, portait à dix-sept le nombre des trésoriers et généraux, un par chaque généralité. Les généralités étaient des
circonscriptions spéciales créées en 1542 pour le service

financier. Désormais les trésoriers et généraux devaient résider non plus à Paris, mais dans le chef-lieu de leur généralité, et, au lieu d'être souverains dans l'administration du domaine du roi et des impôts, ils devaient rendre compte de leurs opérations à quatre intendants des finances, primitivement appelés commissaires du Louvre, c'est-à-dire gardiens du trésor royal (le roi résidait au Louvre), au-dessus desquels fut bientôt placé, en 1573, un contrôleur général des finances, puis un surintendant général.

Depuis cette époque, le nombre de ces officiers a fréquemment varié. On l'augmentait, on le diminuait, on divisait les offices des trésoriers et ceux des généraux des finances et on les réunissait de nouveau, sans autre motif que celui de procurer de l'argent au trésor public par la vente de leurs offices.

Il serait inutile de vous signaler dans leurs détails ces vicissitudes.

En 1599, survient un événement important. Henri IV crée un office de grand voyer qu'il confie à Sully et qui lui attribue « la surintendance tant sur les réparations néces- « saires aux ponts, portes, murailles, ports, passages, pa- « vés, turcies et levées, chaussées, voyes, chemins et autres « ouvrages publics, que sur tous les voyers établis dans le « royaume. »

Sully, bien qu'il fût en quelque sorte accablé de fonctions diverses, qu'il fût, comme il le dit lui-même dans ses mé-, moires, « conseiller du roi en tous ses conseils, surinten- « dant des finances, fortifications, bâtiments, ports, canaux « et navigation des rivières, grand maître de l'artille- « rie, etc. », prit à cœur ses fonctions de grand voyer.

A dater de l'année 1600, le budget des ponts et chaus- sées fut créé, c'est-à-dire que, à partir de cette époque, les dépenses exigées par les travaux de construction et d'entretien des voies publiques ont cessé d'être exclusivement payées avec les produits des péages ou des impositions établies spécialement sur les localités intéressées.

Désormais, une somme plus ou moins considérable a été allouée, chaque année, sur les fonds du trésor royal pour les frais de ces travaux (*).

Pour l'année 1600, nous ne trouvons qu'une somme de 6 000 livres tournois, c'est-à-dire 17 520 francs. Mais à dater de 1605, à partir du moment où l'autorité de Sully s'est assise, où ses agents dans les provinces sont institués, les fonds s'élèvent à 595 469 livres tournois, soit 1 738 769 fr. En 1608, ils montent jusqu'à 3 594 527 fr.

Il est vrai qu'à partir de 1616, ils sont tombés à 37 492 fr. et que, jusqu'à 1656, ils ont été plus souvent au-dessous qu'au-dessus de 100 000 francs.

Mais ce qui s'est passé après que Sully a quitté le pouvoir ne peut enlever à ce grand ministre le mérite d'avoir placé le service des ponts et chaussées au nombre des services publics qui devaient être défrayés sur les deniers de l'état.

La trace de son influence subsiste d'ailleurs encore aujourd'hui. Parmi les règlements et édits qu'il a préparés, je ne puis omettre de vous citer l'édit du 16 septembre 1607, qui pose des règles qu'on applique encore sur la construction et la réparation des bâtiments le long des rues et chemins.

Aux mois d'octobre 1615 et d'août 1616, après la mort de Henri IV et la retraite de Sully, sont créés de nouveaux offices, et dans ces conditions bizarres que pouvait seul imaginer le génie de la fiscalité surexcité par les besoins du trésor : ce sont trois offices de conseillers, trésoriers et receveurs généraux des ponts, passages, chemins, voiries,

---

(*) M. Vignon a complété, par une note qui sera publiée prochainement dans les *Annales des ponts et chaussées*, les renseignements qu'il avait donnés à ce sujet dans ses *Études sur l'histoire des voies publiques en France*.

chaussées, pour faire la recette et l'emploi des deniers affectés aux travaux de cette espèce, et trois offices de contrôleurs généraux pour le même objet. Mais les officiers investis de ces charges devaient exercer leurs fonctions alternativement de trois ans en trois ans. Vous voyez ici apparaître des comptables et les inspecteurs de ces comptables. Les contrôleurs généraux avaient en outre le pouvoir de surveiller les travaux ; mais ils ne remplissaient pas cette partie de leur mission qui leur fut enlevée en 1713.

Les trésoriers de France, relégués dans leurs généralités, se rappelaient avec regret le temps où ils étaient souverains dans l'exercice de leurs attributions financières et administratives. Ils obtinrent, en 1626, la suppression de la charge de grand voyer et la confirmation du pouvoir qui leur avait été donné en 1621 « d'ordonner des deniers (c'est-à-dire « disposer des deniers) destinés pour les ponts et chaus- « sées, suivant l'ordre et le fonds qui leur en serait baillé « par les états qui leur seraient envoyés, et d'ordonner des « ouvrages publics royaux. »

A ces fonctions vint s'ajouter, en 1627, « la juridiction « en première instance de la voirie, circonstances et dé- « pendances d'icelle. »

La centralisation du service des travaux de voirie que Henri IV avait essayé d'établir ne subsistait plus, si ce n'est au point de vue financier ; car vous avez remarqué que, d'après les termes de l'édit de février 1626, les trésoriers de France ne disposaient des deniers destinés aux ponts et chaussées que suivant l'ordre et le fonds qui leur en devait être donné par les états que leur envoyait le pouvoir central, et qui émanaient sans doute du surintendant des finances.

Une tentative éphémère de rétablissement de la charge de grand voyer fut faite en mai 1645. C'était encore un office attribué à trois personnes qui exerçaient alternativement les fonctions de grand voyer et intendant général des ponts et chaussées.

Mais la centralisation se rétablit définitivement avec Colbert, devenu contrôleur général des finances en 1661.

Comment Colbert prit-il la direction de ce service? Je n'ai pu le découvrir, et le savant qui connaît le mieux l'histoire de Colbert, qui publie en ce moment toutes les dépêches de ce grand ministre, M. Pierre Clément, de l'Institut, n'a pu m'éclairer sur ce point.

Il est vraisemblable qu'en 1661 le service n'avait pas de chef au centre du royaume, et que le contrôleur général des finances aura profité de ce qu'il avait à recueillir et distribuer les fonds nécessaires aux dépenses des ponts et chaussées pour y ajouter des ordres sur l'emploi des fonds.

Il avait à sa disposition dans les provinces de nouveaux agents du gouvernement plus dociles et plus actifs que les trésoriers : c'étaient les intendants et commissaires départis, dont les attributions avaient toujours été en grandissant depuis que Richelieu les avait établis à titre permanent dans les généralités.

Il les invita à prendre des mesures pour tout ce qui concernait l'administration des ponts et chaussées. Une correspondance incessante, dont les monuments ont été signalés par M. Cotelle, publiés en partie par M. Vignon et vont l'être complétement par M. Clément, leur traçait les règles générales du service ou leur donnait des instructions pour tous les détails dés affaires. Seulement, afin de les décharger du soin de ces détails, un des trésoriers du bureau des finances, désigné par arrêt du conseil, sur la proposition des intendants, leur fut adjoint à partir de 1669, avec le titre de commissaire des ponts et chaussées, qui donnait droit à des appointements particuliers.

Ses fonctions étaient, d'après un arrêt du conseil du 11 février 1681, de « visiter conjointement avec le sieur commissaire départi en la généralité ou séparément, ainsi que

« ledit sieur commissaire aviserait le plus à propos, les
« ponts, chemins et chaussées de la généralité, dresser le
« procès-verbal de l'état d'iceux, et faire faire en sa pré-
« sence, par personnes intelligentes et capables, les devis
« et estimations des ouvrages nécessaires pour les réparer
« et entretenir en bon état ; sur lesquels il serait ensuite
« procédé conjointement avec ledit sieur commissaire dé-
« parti et non autrement, à l'adjudication au rabais desdits
« ouvrages, les publications en tel cas requises préalable-
« ment faites, et après la perfection d'iceux en faire la ré-
« ception dans la manière accoutumée. » Les ordonnances
de payement devaient être signées par l'intendant et par le
trésorier-commissaire.

Les bureaux des finances perdaient ainsi une de leurs
plus importantes attributions. Ils étaient désormais réduits,
pour ce qui concernait la voirie, à leurs attributions de police et à leur pouvoir de juridiction. Encore ces attributions
devaient plus tard leur être enlevées en partie par les intendants, de même que les trésoriers-commissaires ne devaient plus conserver que l'ombre de leurs attributions à
partir de la création du corps des ponts et chaussées.

Dans la généralité de Paris où il n'y avait pas de commissaire départi, le bureau des trésoriers généraux avait
conservé plus de pouvoirs. Néanmoins trois de ses membres
étaient spécialement désignés pour la direction des grands
chemins et des ponts et chaussées, et ce pouvoir leur venait de l'autorité royale qui ne permettait pas au bureau
de s'immiscer dans la désignation des commissaires.

Colbert s'appliqua encore à diminuer l'autorité propre
de l'administration spéciale chargée de la direction des
turcies et levées établies sur les bords de la Loire et de ses
affluents. Depuis le quatorzième siècle, ce travail si important était dirigé par des intendants spéciaux, titulaires d'offices comme les trésoriers de France. D'après les ordres du
ministre, les intendants des généralités durent visiter les

ouvrages, s'en faire rendre compte et présider aux adjudications des travaux.

Colbert reprit encore les traditions de Sully pour le budget des ponts et chaussées.

Depuis 1648, les sommes allouées dans l'état du Roi pour les dépenses de la voirie étaient dérisoires; quelquefois même ces dépenses étaient complétement laissées de côté. A partir du moment où Colbert prend en main la direction du service, les allocations se relèvent et deviennent régulières.

Le montant des crédits ouverts pour cet usage s'appelle l'*état du Roi des ponts et chaussées*. Chaque année, cet état était arrêté en recettes et en dépenses par le roi en conseil des finances, sur les propositions faites par les intendants des généralités. Il comprenait, pour les dépenses, deux parties distinctes : les travaux d'entretien, les travaux de construction d'ouvrages nouveaux. La moyenne des dépenses portées dans cet état, de 1662 à 1682, est de 431 915ᶠ.25. Mais, en dehors de ces prévisions, de nouvelles dépenses pouvaient être ordonnées en cours d'année. Il y était alors pourvu, soit en partie, soit en totalité, par des impositions sur les villes ou les généralités intéressées.

On conserve à la bibliothèque de l'École des registres des fonds des ponts et chaussées de France pour les dix-huit années comprises entre 1683 et 1700. Ils proviennent d'une donation faite par les héritiers du célèbre Prony qui a longtemps dirigé l'École.

Ces fonds étaient maniés par les trésoriers généraux des ponts et chaussées, ou plutôt par le trésorier général; car bien qu'il y eût trois offices créés, les trois offices étaient dans les mains de la même personne. Mais le trésorier général avait un commis dans chaque généralité, pour recevoir et payer directement des sommes qui ne passaient pas par le trésor royal.

Il faut faire observer que cette centralisation administrative ne s'appliquait pas aux pays d'états : la Bretagne, la Bourgogne, la Provence, le Languedoc, le Roussillon et quelques autres, qui avaient conservé leur administration propre dirigée par leurs représentants.

Voilà donc, messieurs, grâce à Colbert, le service des ponts et chaussées définitivement organisé. L'œuvre de ce grand ministre ne devait plus désormais faire que des progrès ; et le mécanisme administratif qu'il a mis en mouvement subsiste encore, sauf quelques changements de détail.

Ainsi les contrôleurs généraux des finances qui succèdent à Colbert, se déchargent du détail de l'administration des ponts et chaussées sur un des membres du conseil d'état désigné par le roi (*), un de ces intendants des finances que vous avez vu s'élever en 1554 pour supplanter les trésoriers de France.

Un instant même, sous la régence, la direction du service des ponts et chaussées fut indépendante, du moins pour les décisions à prendre au sujet des travaux, de l'administration des finances. Vous savez que le régent avait remplacé les ministres par des conseils où la haute noblesse dominait. Le *conseil du dedans du royaume* avait dans ses attributions les ponts et chaussées, turcies et levées et pavé de Paris ; mais c'était le conseil des finances qui faisait les fonds ; les marchés lui étaient communiqués, et il lui était rendu compte des dépenses.

L'un des membres du conseil du dedans, le marquis de Béringhen, fut chargé spécialement de diriger ce service, et il prit bientôt le titre de directeur général des ponts et chaussées de France. C'était lui qui donnait ou transmettait aux intendants les ordres et instructions concernant le service, qui préparait les projets d'états du roi, et qui dirigeait l'emploi des fonds.

Mais à côté de lui se trouvait un des membres du conseil

(*) Arrêt de décembre 1713.

des finances qui avait dans ses attributions les ponts et chaussées, les turcies et levées, le barrage et pavé de Paris, en ce qui concerne les finances. De plus, les projets de canaux de navigation à construire étaient exclusivement dans les attributions du conseil des finances. Et quelques années s'étaient à peine écoulées que, les conseils ayant été supprimés (1718), le contrôleur général des finances reprit la direction suprême du service. Ainsi l'arrêt du conseil du 3 mai 1720 qui ordonne l'élargissement des grands chemins, est rendu sur le rapport de Law.

En 1736, la place de directeur général des ponts et chaussées qui, après la mort du marquis de Béringhen, avait été donnée au frère du cardinal Dubois, fut supprimée, et l'un des intendants des finances, celui qui avait le département des recettes générales, fut chargé, sous les ordres du contrôleur général, du « détail des ponts et « chaussées, pavé de Paris, turcies et levées, balisage de « la rivière de Loire et rivières y affluentes, tant pour la « finance que pour leur pleine et entière administration. »

Cette organisation a subsisté jusqu'en 1789.

Seulement, à partir de 1743, le service des ponts et chaussées fut séparé du département des recettes générales et absorba exclusivement l'intendant des finances qui en était chargé. Puis, en 1777, Necker, nommé directeur général des finances, supprima les intendants des finances, et l'administration des ponts et chaussées eut successivement pour chefs, depuis cette époque, deux maîtres des requêtes, dont le second fut qualifié intendant des ponts et chaussées.

D'autre part, au service des ponts et chaussées proprement dit sont venus s'annexer successivement, en 1740, le service de la construction des canaux, au moins pour partie, car certains ouvrages de cette nature restaient confiés au génie militaire, puis le service des ports maritimes de commerce, abandonné en 1761 par le ministre de la marine.

Parmi les administrateurs des ponts et chaussées au dix-huitième siècle, il est juste de vous signaler le contrôleur général Orry, qui remplit ces fonctions de 1730 à 1746, et qui le premier développa sur une grande échelle le service de la construction et de l'entretien des grands chemins. Il est regrettable que ce résultat ait été obtenu au moyen d'une extension abusive et tout à fait inique de la corvée, qui pesait exclusivement sur les classes laborieuses.

Orry prétendait, il est vrai, n'avoir pas d'autre ressource. Il disait des corvéables : « J'aime mieux leur demander des bras qu'ils ont que de l'argent qu'ils n'ont pas. » A quoi Turgot répondait dans le préambule de l'édit de février 1776 : « Ceux qui faisaient ce raisonne-« ment oubliaient qu'il ne faut demander à ceux qui n'ont « que des bras, ni l'argent qu'ils n'ont pas, ni les bras qui « sont leur unique moyen pour nourrir eux et leur famille. »

En somme, la corvée, abolie momentanément en 1776, et définitivement en 1787, a été le moyen auquel la France a dû le premier réseau de ses communications intérieures, environ 6 000 lieues de routes.

L'histoire de cet impôt, de son établissement, des abus auxquels il a donné lieu, des tentatives faites pour corriger ces abus, et pour le transformer en une contribution pécuniaire supportée par toutes les classes de la nation, a été faite avec beaucoup de talent par M. Vignon, d'après des documents authentiques dont plusieurs étaient inédits, dans le troisième volume de ses *Études historiques sur les voies publiques en France.*

Un mérite du contrôleur général Orry qui ne peut donner lieu à aucune contestation, c'est d'avoir appelé au poste d'intendant des finances, chargé du détail des ponts et chaussées, le fameux Trudaine, fils du prévôt des marchands de Paris, que le régent avait révoqué en lui disant : « Vous êtes trop honnête pour marcher avec nous. » Trudaine a dirigé le service des ponts et chaussées de 1748 à 1769. Son fils.

Trudaine de Montigny, qui lui avait été adjoint dans les dernières années de sa vie, lui a succédé et est resté en fonctions jusqu'en 1777. Ces deux hommes, le premier surtout, ont rendu de grands services que nous pourrons mieux apprécier tout à l'heure, quand nous viendrons à l'organisation du corps et de l'école des ponts et chaussées.

Mais nous pouvons signaler dès maintenant les règlements sur le service des routes qui complétaient ou consacraient définitivement les règles posées sous la régence, en 1720 et 1721, pendant l'administration du marquis de Béringhen, et les arrêts du conseil sur la police du roulage. L'arrêt du conseil du 7 septembre 1755, concernant l'extraction des matériaux dans les propriétés privées pour les ouvrages des ponts et chaussées, et l'arrêt du 27 février 1765, relatif aux alignements des maisons riveraines des routes, sont encore appliqués aujourd'hui.

A côté de MM. Trudaine, il faut placer Chaumont de la Millière, intendant des ponts et chaussées à partir de 1781, qui dirigea habilement le corps des ponts et chaussées jusqu'au 10 août 1792, et sut le défendre à propos au milieu des difficultés croissantes du service et des idées d'innovation qui fermentaient à l'approche de la révolution.

Nous arrivons ainsi jusqu'en 1789. Je n'ai qu'à dire un mot de l'essai des assemblées provinciales fait à partir de 1778 et 1779, dans deux généralités, celles de Bourges et de Montauban, et qui fut étendu en 1787 à vingt-deux généralités. Les pouvoirs des intendants étaient notablement réduits par ces assemblées, qui déléguaient à des commissaires le soin de diriger, pendant l'intervalle des sessions, les travaux qu'elles avaient ordonnés, notamment les travaux des routes. Mais il est inutile d'insister sur ces créations éphémères.

A partir de 1789, je puis marcher plus rapidement. Vous savez quelle a été depuis cette époque, au centre du royaume et dans les départements, l'organisation de l'autorité administrative.

Au centre, un des ministres, sauf le moment où la Convention a remplacé les ministères par des comités ; dans les départements, les assemblées départementales, puis les préfets, tels ont été les administrateurs généraux et locaux du service des ponts et chaussées.

Il n'y a rien à relever en ce qui touche les assemblées départementales et les préfets.

Pour le ministre, il y a deux choses à signaler.

Le ministre n'a pas toujours été le même. A partir de 1789, le ministre chargé de diriger les finances de l'état, a cessé d'être en même temps chargé de la direction des autres services publics que Colbert avait réunis dans ses mains et transmis en partie à ses successeurs.

La loi du 25 mai 1791 a placé le service des ponts et chaussées dans les attributions du ministère de l'intérieur. Elles y sont restées jusqu'en 1830 sans interruption.

Au mois de mai 1830, il avait été créé un ministère spécial des travaux publics comprenant l'administration des ponts et chaussées et des mines. Supprimé après la révolution de juillet, ce ministère, dont les services avaient été replacés dans les attributions du ministre de l'intérieur, fut rétabli en 1831 sous le titre de ministère du commerce et des travaux publics. Le 6 avril 1834, les travaux publics furent rendus au ministère de l'intérieur. Ils lui ont été enlevés le 2 mars 1836 pour être réunis de nouveau au commerce. Puis, en 1839 (23 mai), les deux services ont été séparés, et le ministère des travaux publics a été reconstitué comme en 1830.

Enfin, par décret du 23 juin 1853, il a été de nouveau créé un ministère comprenant à la fois les services de l'agriculture, du commerce et des travaux publics. C'est l'état de choses actuel.

Ce que je dois vous faire remarquer encore, c'est le principal auxiliaire placé auprès du ministre pour le service des ponts et chaussées.

Le décret du 5 nivôse an VIII, portant règlement pour l'organisation du conseil d'état, disposait que cinq conseillers d'état étaient spécialement chargés de diverses parties d'administration, quant à l'instruction seulement; qu'ils en suivaient les détails, signaient la correspondance, recevaient et appelaient toutes les informations, et portaient aux ministres les propositions de décision que ceux-ci soumettaient aux consuls (art. 5). L'un de ces conseillers d'état était chargé des ponts et chaussées, canaux de navigation et cadastres. Il reçut le titre de directeur général des ponts et chaussées.

Sa position fut confirmée et son autorité étendue par le décret du 7 fructidor an XII portant organisation du corps des ponts et chaussées. L'étendue des attributions du ministre de l'intérieur conduisit à déléguer une grande partie de ses pouvoirs au directeur général.

En 1815, la direction générale des mines fut jointe à la direction générale des ponts et chaussées.

A partir de 1830, et à raison des changements apportés dans la direction suprême du service des ponts et chaussées et des mines, qui passait sans cesse d'un ministère à l'autre, la direction générale a été tantôt supprimée, tantôt rétablie. De 1839 à 1847, le ministre s'est trouvé secondé par un sous-secrétaire d'État qui avait reçu une délégation de pouvoirs assez étendue.

La direction générale des ponts et chaussées n'a pas été immédiatement rétablie après la suppression du sous-secrétariat d'état. Le service des ponts et chaussées a formé une division, puis une direction du ministère (15 novembre 1853). En 1855, le directeur a été nommé directeur général. Le service des mines est resté séparé de celui des ponts et chaussées, comme il l'était depuis 1846. Mais aux ponts et chaussées sont venus se joindre les chemins de fer, pour lesquels on avait formé, de 1853 à 1855, une direction générale distincte.

Je dois maintenant vous signaler en quelques mots les hommes qui ont été placés à la tête du service des ponts et chaussées pendant la première moitié du dix-neuvième siècle, comme je l'ai fait pour les siècles précédents. Apprécier leurs œuvres, signaler leur mérite, m'entraînerait trop loin, et je n'ai pas une autorité suffisante pour les juger. Mais je me reprocherais de vous laisser ignorer les noms que vous êtes appelés à retrouver dans l'histoire de la législation et des travaux des ponts et chaussées. Toutefois je ne parlerai que de ceux qui sont morts, parce que ce sont les seuls que je puisse louer en toute liberté.

Parmi les hommes que j'ai à vous signaler, plusieurs se sont élevés aux plus hautes fonctions de l'état. D'autres se sont contentés de rendre de grands services dans leur sphère, qu'ils avaient du reste étendue par leur mérite éminent.

Le premier directeur général est M. Crétet, conseiller d'état, qui a quitté ses fonctions le 3 mai 1806 et qui est devenu ministre de l'intérieur le 9 août 1807. C'est sous son administration que le corps des ponts et chaussées a été organisé par le décret du 7 fructidor an XII.

Après lui, M. de Montalivet, qui a préparé la loi du 16 septembre 1807 relative au desséchement des marais et à l'exécution des travaux publics. M. de Montalivet a été à son tour nommé ministre de l'intérieur le 1er octobre 1809 et remplacé dans ses fonctions de directeur général par M. le comte Molé. M. le comte Molé, nul ne l'ignore, a su ajouter à l'illustration d'un nom déjà illustre ; il est devenu ministre de la justice le 21 novembre 1813 ; il a repris la direction générale du 20 mars 1815 au 17 septembre 1817 ; enfin, il a été plusieurs fois ministre sous le gouvernement de la Restauration et sous le gouvernement de Juillet.

Vous vous rappelez que les travaux des ponts et chaussées sous le premier Empire ont absorbé la somme de 488 millions. C'est sous la direction de MM. Crétet, de Montalivet et Molé que les voies de communication ont commencé à prendre le merveilleux développement qui est un des caractères propres du dix-neuvième siècle.

M. Costaz et M. le baron Pasquier, depuis duc et chancelier de France, n'ont fait que passer à la direction en 1813 et 1814.

M. Becquey, qui y a été appelé le 17 septembre 1817, l'a occupée jusqu'au 19 mai 1830. On lui doit beaucoup de mesures utiles. C'est lui qui a présidé à l'exécution du vaste réseau de canaux entrepris sous la Restauration.

Après M. Bérard, sous l'administration duquel le cours de droit administratif a été fondé à l'École des ponts et chaussées, M. Legrand est arrivé à la direction générale le 9 juin 1832.

M. Legrand, dont le talent et le caractère ont été dignement loués par M. Cavenne, inspecteur général des ponts et chaussées, au moment de ses funérailles, et plus récemment par M. Villemain, l'illustre secrétaire perpétuel de l'Académie française, dans une notice biographique, a pris pendant quinze ans une part considérable à l'administration des travaux publics.

Il avait activement secondé M. Becquey pendant la Restauration. Au moment de la révolution de 1830, il venait d'arriver au poste de secrétaire général du ministère des travaux publics. Pendant presque toute la durée du gouvernement de juillet, de 1832 à 1847, il resta à la tête du service des ponts et chaussées, avec le titre de directeur général d'abord, puis de sous-secrétaire d'état. Il n'eut pas seulement le mérite de donner l'impulsion à ce vaste service dont il ne négligeait aucun détail, et notamment de diriger les débuts de la création des chemins de fer, qui, sous le règne de Louis-Philippe, ont absorbé déjà 986 millions de francs. Les mesures qu'il avait préparées dans le silence du cabinet, il savait, par une habile discussion, où la science se conciliait avec la netteté et l'élégance, les faire adopter dans les chambres, et il réussit plusieurs fois à triompher même des passions politiques.

C'est le premier ingénieur des ponts et chaussées qui soit arrivé à la direction générale du service, et sa mémoire doit vivre dans le corps qu'il a honoré.

§ II.

J'ai maintenant à vous exposer l'histoire du corps des ponts et chaussées lui-même. Vous comprenez facilement pourquoi je n'ai pas voulu la mêler à celle des autorités administratives chargées de la direction du service. Nous en suivrons ainsi l'ensemble d'une manière plus nette.

Vous avez vu qu'avant Colbert, le gouvernement n'avait fait exécuter lui-même des travaux que dans des cas assez rares. Aussi n'avait-il pas cherché à réunir des hommes de l'art spécialement habiles dans les travaux des ponts et chaussées. Il avait seulement à sa disposition depuis la fin du moyen âge, et spécialement depuis Henri IV, des ingénieurs militaires pour les travaux de fortifications qu'il faisait exécuter, ou pour le siége des places de guerre. Et je profite de cette occasion pour vous rappeler que le nom d'ingénieur vient à la fois du mot latin *ingenium*, comme un très-juste amour-propre de corps vous portait sans doute à le penser, et du mot français *engin*, machine. Au moyen âge, on disait les *engignours* ou *engeigneurs*. Plus tard, on a combiné ce mot avec un terme de basse latinité : *ingeniator*.

Mais Colbert ne laissa pas longtemps aux intendants et aux trésoriers de France, commissaires pour les ponts et chaussées, le soin de choisir les hommes de l'art chargés de dresser les plans, de rédiger les devis, de surveiller les détails de l'exécution des ouvrages et de les recevoir quand ils étaient achevés. A partir de 1668, on voit des arrêts du conseil qui commettent des architectes ou ingénieurs pour certains travaux, avec le titre d'ingénieur du Roi, ingénieur ordinaire de Sa Majesté, quelquefois avec le titre d'inspecteur des ouvrages des ponts et chaussées. Peu d'années s'étaient écoulées, et la plupart des généralités avaient ainsi un ingénieur avec lequel Colbert correspondait directement et qu'il surveillait lui-même. Quelques-uns d'entre eux avaient été pris parmi les ingénieurs militaires. Toutefois ces ingénieurs n'étaient pas, dès le commencement, tenus de donner tout leur temps au service de l'état. Ce ne fut que vers la fin de l'année 1712 qu'ils eurent le caractère de fonctionnaires publics, exclusivement occupés par leur emploi. Mais ils n'étaient pas encore rattachés les uns aux autres par un lien hiérarchique.

Après la mort de Colbert, on avait essayé un instant de centraliser l'examen des plans des travaux. De 1684 à 1690 un sieur Félibien, architecte du roi, titulaire d'une charge de contrôleur général des ponts et chaussées, avait été chargé d'examiner tous les plans et devis envoyés des provinces ; mais ce ne fut qu'un essai passager, car il n'en est plus question après 1691.

L'organisation hiérarchique des hommes de l'art appelés à concourir aux travaux des ponts et chaussées, était un complément nécessaire de la centralisation administrative établie définitivement pour ce service par les mains puissantes de Colbert. Elle ne pouvait se faire attendre longtemps. Un arrêt du 27 novembre 1712 institua onze inspecteurs généraux, qui devaient inspecter annuellement les vingt-deux circonscriptions à la tête desquelles se trouvait placé un ingénieur, dans les généralités de pays d'élections, et proposer tout ce qu'ils jugeraient nécessaire pour le rétablissement et l'entretien des chemins, ponts, chaussées et autres ouvrages publics.

On ne sait trop par quelle raison, sans doute faute de ressources dans les caisses du trésor, l'arrêt ne fut pas exécuté. Les inspecteurs nommés restèrent employés dans la généralité de Paris, et leurs commissions leur furent retirées par un arrêt du 1er février 1716.

C'est ce dernier arrêt qui organise véritablement le corps des ponts et chaussées. Il révoque les onze inspecteurs généraux et les vingt-deux ingénieurs des généralités et il établit, à leur place, un inspecteur général, un architecte premier ingénieur, trois inspecteurs et vingt et un ingénieurs, « pour chacun exécuter les ordres et instructions qui leur « seront donnés, pour le bien du service, par le sieur con- « seiller du conseil du dedans du royaume ayant le dépar- « tement des ponts et chaussées. » C'était alors, vous vous le rappelez, le marquis de Béringhen.

Le nombre des ingénieurs fut bientôt augmenté. Les circonscriptions pour lesquelles chacun était institué avaient une telle étendue (vous savez qu'il n'y avait en 1789 que trente-deux généralités correspondant à quatre-vingt-six des départements actuels) que l'on fut souvent amené à nommer spécialement des ingénieurs pour la conduite de grands ouvrages, par exemple des ponts, des canaux.

Mais le développement des travaux des routes devait conduire à une organisation plus complète du corps des ponts et chaussées comprenant non plus seulement les grades supérieurs, mais les grades inférieurs.

Une instruction du 13 juin 1738, émanée du contrôleur général des finances Orry, avait invité les ingénieurs à étudier et dresser les projets des voies à ouvrir ou à rectifier, et à exécuter les cartes générales des routes accompagnées de tableaux détaillés de leur situation, indiquant les zones des paroisses voisines dont les habitants devaient être appelés à fournir la corvée.

Trudaine, chargé en 1743 du « détail des ponts et chaussées », s'appliqua à régulariser l'exécution de cette circulaire. Il établit, en 1744, un bureau central de dessinateurs pour mettre au net les plans et cartes envoyés par les ingénieurs.

Mais il songea bientôt à étendre cette institution et à y joindre une école dans laquelle pourraient se former des jeunes gens capables de seconder les ingénieurs des généralités dans la conduite des travaux. Après l'organisation du corps, vous voyez la fondation de l'école où il devait se recruter.

C'est un arrêt du conseil du 14 février 1747 qui réalise cette pensée. En voici les termes : Perronet, alors ingénieur de la généralité d'Alençon, fut commis « pour avoir la con-
« duite et inspection des géographes et dessinateurs des
« plans et cartes des routes et grands chemins du royaume,
« et de tous ceux qui seraient commis et préposés audit
« ouvrage, régir tout ce qui concernait la levée desdites
« cartes et plans; *instruire lesdits dessinateurs des sciences*
« *et pratiques nécessaires pour parvenir à remplir avec ca-*
« *pacité les différens emplois des ponts et chaussées*, et avoir
« la garde et le dépôt de tous lesdits plans, cartes et mé
« moires y relatifs..... »

En 1750, la situation du personnel *subalterne* des ponts et chaussées, c'est le langage de l'époque, c'est-à-dire des agents inférieurs aux ingénieurs, qui représentaient les ingénieurs en chef d'aujourd'hui, fut déterminée, en même temps que le corps était réorganisé.

A la tête du corps se trouvent un premier ingénieur et quatre inspecteurs généraux.

Depuis 1743, les fonctions de l'inspecteur général, institué en 1716, avaient été jointes à celles du premier ingénieur, et les inspecteurs avaient pris le titre d'inspecteurs généraux. Après eux venaient le directeur du bureau des géographes et dessinateurs des plans des grandes routes et chemins du royaume ; puis vingt-cinq ingénieurs, auxquels on ajouta bientôt trois ingénieurs des turcies et levées.

Le premier ingénieur dut avoir l'inspection et quelquefois le détail des ouvrages estimés 500 000 livres et au-dessus. Le royaume était partagé en quatre départements, dont chacun fut confié à un inspecteur général. Les inspecteurs pouvaient toutefois être chargés d'ouvrages importants, et l'inspecteur du département de Paris faisait exceptionnellement les fonctions d'ingénieur en chef de cette généralité.

Parmi les ingénieurs, quelques-uns ne furent pas placés à la tête d'une généralité : on les réserva pour des travaux exceptionnels.

Enfin, après les ingénieurs, venaient des sous-inspecteurs, des sous-ingénieurs et des contrôleurs des travaux choisis parmi les élèves.

Les sous-inspecteurs n'étaient subordonnés dans le service des travaux qu'au premier ingénieur et aux inspecteurs généraux ; les sous-ingénieurs étaient placés sous les ordres des ingénieurs des généralités. Quant aux élèves, ce n'était qu'à titre temporaire, à titre de mission pendant leur séjour à l'École, qu'ils remplissaient les fonctions de contrôleurs des travaux. La qualité d'élève n'était conférée qu'après un apprentissage dans le bureau des dessinateurs, apprentissage qui variait de six mois à deux ans.

Tout ce personnel, correspondant aux différentes classes d'ingénieurs ordinaires et d'élèves ingénieurs d'aujourd'hui, fut placé sous la direction de Perronet. On passait d'une classe à l'autre par un concours. De plus, chaque année, au mois d'avril, il devait être fait un recensement général de tous « ces employés subalternes » tant à Paris que dans les provinces ; les intendants et les ingénieurs devaient être consultés sur la capacité, le travail et les mœurs de chacun d'eux, et ceux qui ne seraient pas jugés convenir au service des ponts et chaussées devaient être réformés.

Je ne puis, messieurs, que vous résumer rapidement cette organisation. C'est dans le livre de M. Vignon qu'il en faut lire les détails. Mais je dois vous citer les termes dans lesquels il apprécie les heureux effets de la fondation de l'École sur le corps même des ponts et chaussées.

« Cette large et forte organisation, qui embrassait toute

« la jeunesse du corps des ponts et chaussées, et faisait du
« titre d'ingénieur de ce corps le terme et la récompense
« d'une longue série d'épreuves où il fallait toujours se
« montrer digne des positions successivement acquises,
« devait donner et donna en effet à ce titre une haute va-
« leur. Elle fut à l'égard de ceux qui y aspirèrent et qui
« l'obtinrent à l'avenir la garantie, non-seulement d'une
« instruction ou d'une capacité suffisantes, malgré la fai-
« blesse des études théoriques, mais encore d'un principe
« d'honneur et d'un amour du devoir qui leur furent géné-
« ralement reconnus, et leur concilièrent à juste titre et à
« un haut degré la considération publique. De là naquirent
« un légitime esprit de corps et une camaraderie franche et
« digne, par où tous se regardaient comme solidaires du
« mérite et de l'honorabilité de chacun, les plus jeunes se
« montrant fiers de la gloire acquise à leurs anciens et à
« leurs chefs, gloire qu'ils sentaient rejaillir sur eux et dont
« ils tenaient à être et à paraître dignes (*) »

Enfin, en dehors du corps et de ceux qui aspiraient à y
entrer se trouvaient les conducteurs et les piqueurs spécialement chargés de conduire les travaux de la corvée. (Disons
en passant que les piqueurs tiraient leur nom de ce qu'ils
piquaient sur les états les noms des corvéables présents sur
les ateliers.)

Cette organisation fut maintenue jusqu'en 1789, sauf de
légers changements dans le nombre et les titres des agents
subordonnés aux ingénieurs en chef.

Ainsi, en 1770, les sous-inspecteurs obtinrent le titre
d'inspecteurs et furent commissionnés par arrêt du conseil.
Ils sortaient définitivement de page. Leur nombre était de
soixante en 1786. Les sous-ingénieurs, qui étaient en 1784
au nombre de cent vingt-quatre, n'avaient pas encore de

(*) Tome II, page 107.

commission définitive, bien qu'ils fussent employés dans les provinces.

Signalons, en 1772, la création de l'uniforme qui était destiné à faire reconnaître et par suite à faire respecter les ingénieurs dans l'exercice de leurs fonctions.

Enfin le couronnement de la constitution du corps, que nous avons réservé à dessein pour ce moment, ce fut la création de l'assemblée des ponts et chaussées.

Cette assemblée a d'abord été réunie à titre officieux. Trudaine prit, en 1747, l'habitude de réunir chez lui, chaque dimanche, le premier ingénieur et les inspecteurs généraux, puis Perronet et les autres ingénieurs en chef qui se trouvaient à Paris, l'inspecteur du pavé de Paris, l'ingénieur en chef des turcies et levées, les trois trésoriers de France, commissaires des ponts et chaussées dans la généralité de Paris et un ou deux membres de l'Académie des sciences. Là on examinait et on discutait les projets des ingénieurs qui étaient renvoyés par Trudaine aux inspecteurs pour faire leurs rapports, les projets de grands ponts ou autres ouvrages importants présentés par les inspecteurs eux-mêmes, des mémoires sur les questions d'art. On y jugeait aussi les concours des élèves de l'École des ponts et chaussées et des aspirants au grade de sous-inspecteur et de sous-ingénieur. Les trésoriers de France y lisaient même des projets de mesures administratives.

Toutefois les avis de cette assemblée n'avaient pas un caractère obligatoire, même pour les ingénieurs. Et ce n'est qu'en 1773 que le procès-verbal de la séance fut tenu officiellement par le premier commis des ponts et chaussées. Jusque-là, c'est-à-dire pendant vingt-sept ans, il n'est resté d'autre trace de ces travaux que les notes d'un journal tenu par Perronet et qui est conservé précieusement à la bibliothèque de l'École.

On conçoit aisément combien les lumières réunies des membres de l'assemblée des ponts et chaussées, leurs discussions et les études qu'elles provoquèrent dans tout le corps contribuèrent au progrès de l'art de l'ingénieur, dont plusieurs branches étaient encore nouvelles, notamment l'art de la construction des ponts.

Ces progrès étaient si sensibles que le gouvernement voulût en faire profiter le public, en étendant les attributions des ingénieurs à d'autres ouvrages que ceux des ponts et chaussées, puis des canaux et des ports qui y avaient été successivement joints. Le 4 juillet 1780, un arrêt du conseil ordonna que les ouvrages publics qui se feraient sur les fonds soit des villes ou des communautés, soit d'impositions particulières, contributions ou cotisations, tels que presbytères, prisons, palais de justice, casernes, digues, canaux et autres constructions destinés à l'utilité publique, seraient exécutés désormais d'après les projets dressés par l'ingénieur en chef de chaque généralité, lesquels projets seraient envoyés au conseil par les intendants et commissaires départis pour y être autorisés, après l'examen qui en sera fait par l'assemblée des ponts et chaussées.

Ceci m'amène, messieurs, à vous signaler les ingénieurs dont les noms peuvent mériter d'être conservés. Je ne m'aventurerai pas à les apprécier devant vous. Je n'ai aucune compétence et aucune prétention à cet égard. Je ne peux être et ne suis que l'écho des hommes compétents qui ont fait ressortir leurs travaux et leurs qualités.

Ainsi M. Vignon, que je suis bien obligé de vous citer souvent, distingue parmi les ingénieurs que Colbert a employés avant la formation du corps : Dieulamant et ses deux fils, chargés de la restauration des ponts dans la généralité de Paris et dans les provinces du Berry, du Bourbonnais et du Nivernais; de la Feuille, employé principalement à suivre l'exécution du canal du Midi, et qui était pour ce grand ouvrage en correspondance constante avec Colbert; Libéral Bruand, qui a donné les plans et dirigé la construction de l'hôtel des Invalides, l'un des membres de l'académie d'architecture; Poitevin et Mathieu, qui ont aussi fait partie de cette académie, et qui, pendant de longues années, ont été occupés aux levées et turcies de la Loire et aux ouvrages nécessaires pour la navigation de ce fleuve; le frère Romain, moine dominicain, qui avait dirigé la construction du pont de Maëstricht, puis celle du pont des Tuileries, et qui entra plus tard dans le corps des ponts et chaussées en qualité d'ingénieur.

Parmi les ingénieurs de grand mérite qui ont marqué dans le corps depuis sa création en 1716 jusqu'en 1789, et il s'agit ici bien entendu d'un mérite relatif, eu égard à l'état des connaissances dans le temps où ils ont fait leurs ouvrages, il faut citer :

Gabriel, premier ingénieur, qui a dirigé, de concert avec Regemorte, le père, et Pitrou, la construction du pont de Blois, de 1716 à 1750;

Boffrand, premier ingénieur, auteur du pont de Sens, si solidement construit en 1739 qu'il a été impossible de le faire sauter en 1814 quand l'armée française se retirait devant les armées alliées qui envahissaient la France;

Huppeau, aussi premier ingénieur, qui a construit de 1750 à 1764 le pont d'Orléans;

Bayeux, inspecteur général, à qui l'on doit le pont de Tours et qui avait deux frères, ingénieurs distingués comme lui;

Louis de Regemorte, sous la direction duquel a été élevé le pont de Moulins en 1762, et dont nous avons déjà cité le père;

De Voglie, qui, pour la construction du pont de Saumur, en 1762, a inventé, avec la collaboration de de Cessart, le système de fondations sur pilotis par caissons;

De Cessart, qui, après d'importants travaux, fut chargé en 1786 de commencer la fameuse digue de Cherbourg, et qui, dès 1780, avait proposé d'employer un rouleau compresseur pour hâter l'agglomération de l'empierrement des routes.

Rappelons encore Pierre Trésaguet qui fit, en 1764, des routes du Limousin un modèle pour toute la France, et qui publia en 1775 un mémoire que l'on consulte encore, sur l'art de construire et d'entretenir les routes en empierrement.

La famille Trésaguet, comme celle de Bayeux, comme celle de Regemorte, a compté plusieurs ingénieurs de mérite.

Citons aussi Gauthey, l'auteur du canal du Centre, qui a exposé, dans son traité de la construction des ponts, les principes dont il avait fait une heureuse application dans de grands ouvrages;

Lamblardie, qui a fait de remarquables travaux dans les ports de la Manche, qui fut plus tard un des fondateurs de l'École polytechnique et un des directeurs de l'École des ponts et chaussées;

L'inspecteur général Brémontier, qui a trouvé, de 1780 à 1790, les moyens de fixer, par des plantations de pins, les dunes du golfe de Gascogne et de préserver ainsi les villages du littoral d'être ensevelis par les sables. Ses services sont rappelés aux générations futures par un monument élevé sur le théâtre de ses travaux.

Enfin, terminons par Perronet, dont nous avons cité le nom en parlant de la fondation de l'École des ponts et chaussées. Perronet a été ingénieur de la généralité d'Alençon, de 1737 à 1747. Nommé à cette dernière époque, — il avait trente-neuf ans, — directeur du bureau des géographes et dessinateurs; inspecteur général le 3 février 1750; enfin premier ingénieur le 23 mars 1763; il est resté à la tête du corps jusqu'en 1792. Conservant, avec ces fonctions, celles d'ingénieur de la généralité de Paris et de directeur de l'École et du personnel des sous-inspecteurs et sous-ingénieurs, sans cesse consulté par les deux Trudaine sur les mesures administratives qui intéressaient l'ensemble du service et sur les travaux soumis à l'assemblée des ponts et chaussées, il trouvait encore le temps de diriger d'importants et célèbres ouvrages, entre autres le pont de Neuilly, celui de Pont-Saint-Maxence, celui de Nogent-sur-Seine et le pont Louis XVI. « Le corps des ponts et chaussées vous doit tout son lustre et la considération dont il jouit », lui écrivait Trudaine de Montigny en 1777 dans une lettre d'adieux. Ce brillant mérite a été récompensé de la façon la plus brillante. Perronet eut le rare honneur de recevoir de la royauté, d'abord, des lettres de noblesse, et, plus tard, de l'assemblée Constituante un traitement de 22 600 livres, à titre de récompense nationale, pour les éminents services qu'il avait rendus pendant cinquante-quatre ans d'activité.

C'est avec ces noms et ces services, auxquels il faudrait joindre ceux des ingénieurs des pays d'états dont nous n'avons pas encore l'histoire, que le corps des ponts et chaussées se présentait devant l'Assemblée constituante.

Aussi nous ne sommes pas étonné qu'elle ait conservé cette admirable institution.

A la séance du 4 novembre 1790, quelques députés proposaient de supprimer le corps des ponts et chaussées et de confier les travaux publics qu'ils avaient mission d'exécuter à des gens de l'art que les directoires de département seraient libres de choisir. L'Assemblée considéra que ce serait un singulier progrès de revenir à l'état de choses, je ne dis pas à l'organisation, antérieur au temps de Colbert. Conformément à l'opinion de Mirabeau, elle repoussa la proposition.

Les règles fondamentales de l'ancienne organisation, la hiérarchie, les inspections, le conseil des ponts et chaussées, enfin le recrutement du corps au moyen de l'École des ponts et chaussées furent maintenus. Et les corps d'ingénieurs créés par les pays d'états furent fondus avec le corps des ingénieurs des anciens pays d'élections.

Deux lois furent rendues par la Constituante pour organiser le corps des ponts et chaussées : la première, le 19 janvier 1791, la seconde, le 18 août de la même année.

La première s'était trop inspirée de l'organisation antérieure qui était sur certains points difficilement compatible avec la nouvelle division de la France. Elle donnait aux ingénieurs en chef la surveillance de trois ou quatre de ces circonscriptions. Les inspecteurs étaient chargés de surveiller deux départements. Il n'y avait en principe qu'un ingénieur ordinaire par département.

La loi du 18 août supprima le grade de premier ingénieur. Elle maintint les huit inspecteurs généraux qui formaient l'assemblée des ponts et chaussées. Ces inspecteurs devaient être pris, savoir : cinq parmi les inspecteurs généraux des anciens pays d'élections, trois parmi les ingénieurs des pays d'états.

Il dut y avoir un ingénieur en chef par département et autant d'ingénieurs ordinaires qu'en demanderaient les départements. Les deux anciens titres de sous-inspecteur et de sous-ingénieur se trouvaient fondus ensemble et remplacés par celui d'ingénieur ordinaire.

Le décret du 7 fructidor an XII a reconstitué le corps à peu près tel qu'il est aujourd'hui.

D'après ce décret, la hiérarchie est ainsi composée :

Inspecteurs généraux résidant à Paris, membres nés du conseil des ponts et chaussées;

Inspecteurs divisionnaires, résidant au chef-lieu de la circonscription qui leur est attribuée, dans laquelle ils doivent surveiller le matériel et le personnel, et dont un certain nombre, cinq sur quinze, sont appelés alternativement pour prendre part aux délibérations du conseil des ponts et chaussées;

Inspecteurs divisionnaires adjoints;

Ingénieurs en chef de deux classes différentes, ce qui

implique seulement une différence de traitement, chargés, sous les ordres immédiats des préfets, soit du service ordinaire de chaque département, soit de services spéciaux;

Ingénieurs ordinaires, placés sous les ordres des ingénieurs en chef, divisés en deux classes;

Aspirants, employés comme ingénieurs ordinaires à la sortie de l'École, en attendant leur nomination par le chef de l'état;

Enfin élèves ingénieurs, qui doivent être pris parmi les élèves sortant de l'École polytechnique.

Un autre décret de la même date a en effet reconstitué l'École.

La situation des conducteurs des ponts et chaussées est aussi établie par le décret de l'an XII.

Je ne veux pas vous analyser dans cet exposé historique les prescriptions du décret de l'an XII sur les fonctions des ingénieurs et du conseil général, sur les traitements, l'avancement, la discipline, qui sont d'ailleurs réglés aujourd'hui par un décret du 13 octobre 1851, et sur les pensions de retraite, réglées à nouveau par la loi du 9 juin 1853.

Il serait également fastidieux de vous faire connaître les différentes modifications de détail qui sont survenues depuis 1804 dans l'organisation du corps : par exemple, dans le nombre des inspecteurs généraux et divisionnaires, et dans les époques de leurs tournées.

Les seuls points qui méritent de vous être signalés parmi les changements, c'est d'abord que la situation des inspecteurs divisionnaires n'est plus aussi différente de celle des inspecteurs généraux.

Ils ne sont plus obligés depuis 1830 de résider dans les chefs-lieux de leurs circonscriptions. Ils résident à Paris, et ils font partie du conseil général où ils ont toujours le droit de siéger quand ils sont présents à Paris. Enfin un décret du 17 juin 1854 leur a donné le titre d'inspecteurs généraux de 2ᵉ classe.

Au bas de l'échelle, nous avons un autre changement. Une ordonnance du 5 février 1848 a supprimé le grade d'aspirant, et l'a remplacé par celui d'ingénieur ordinaire de 3ᵉ classe. Ces ingénieurs sont, comme les autres, nommés par le chef de l'état.

En outre, une loi du 30 novembre 1850 est venue apporter, en principe, une modification grave au recrutement du corps des ingénieurs. On a dérogé à cette règle que les élèves de l'École pouvaient seuls être admis dans le corps : les conducteurs embrigadés peuvent aussi, après dix ans de service, obtenir le grade d'ingénieur, s'ils satisfont aux conditions d'un concours et d'examens publics dans lesquels ils auront justifié de connaissances théoriques qui ne sont pas nécessaires pour diriger l'exécution d'un travail, quand on a les plans sous les yeux, mais sans lesquelles on ne peut être en état de préparer des projets considérables et de conduire les affaires dont le soin est confié aux ingénieurs.

Les conditions de l'examen ont été réglées par décret du 25 août 1851.

Le sixième des places d'ingénieurs est réservé aux conducteurs qui ont été reconnus admissibles. A défaut de candidats de cette catégorie, les places vacantes sont données aux élèves de l'École.

En fait, il ne s'est pas trouvé jusqu'ici un seul conducteur qui ait pu satisfaire aux conditions du concours. Cela peut s'expliquer par la difficulté considérable qu'éprouvent des hommes qui ne sont plus jeunes, à se remettre aux études théoriques au milieu des travaux de la pratique des affaires.

Il faut dire d'ailleurs que l'administration, désireuse d'accorder aux conducteurs la juste récompense de leurs travaux, a créé, après la loi de 1850, une classe de conducteurs principaux dont le traitement est supérieur à celui des ingénieurs de 3ᵉ classe, et qu'elle confie à un certain nombre d'entre eux, dont la capacité est reconnue, le soin de remplir les fonctions d'ingénieur.

Je ne peux pas terminer cette histoire sans vous dire que, depuis 1790 et depuis l'an XII, les attributions des ingénieurs n'ont cessé de s'accroître, et qu'ils ont reçu constamment de nouveaux témoignages de la confiance de l'administration.

Ainsi leurs fonctions ne comprenaient au commencement du siècle que les travaux des ponts et chaussées proprement dits, de la navigation et des ports de commerce, puis la police des usines à eau et le desséchement des marais. De plus, ils étaient à la disposition du ministre de la marine pour les travaux des ports militaires.

Je vous dirai, en exposant l'organisation actuelle du corps des ponts et chaussées, tous les autres services publics pour lesquels l'état, les départements, les communes, les particuliers même et les compagnies ont recours aux lumières et au talent des ingénieurs.

Le corps des ponts et chaussées n'a pas obtenu ces succès et cet accroissement continu d'attributions sans que des réclamations, des critiques se soient élevées contre sa puissante organisation.

Il y a répondu, il y répondra par de nouveaux efforts pour justifier la confiance du public, pour développer ses qualités et faire disparaître les défauts qu'on lui reprochait, et dont le principal est de ne pas travailler avec assez d'économie.

Il y a répondu, comme le faisait M. l'inspecteur divisionnaire Emmery, dans une remarquable notice publiée en 1839 (*), qu'assurément les membres de ce corps éclairé et incorruptible avaient dû se tromper quelquefois, parce que telle est la condition de toutes les institutions hu-

---

(*) *Notice sur l'histoire, l'organisation et l'utilité sociale de l'institution des ponts et chaussées en France.*

maines, mais qu'on pourrait publier toutes les fautes qu'ils avaient empêchées, et qu'ils défiaient surtout leurs adversaires de les faire rougir.

Permettez-moi de citer ici les dernières lignes du travail auquel je viens d'emprunter ce mot si justement fier.

« Il n'y a que la France au monde, dit M. Emmery, dont
« toutes les parties soient desservies avec le même zèle,
« avec le même désintéressement, par des hommes tous
« sortis des premiers rangs de l'École polytechnique, dans
« des résidences souvent si ingrates, toujours avec des ap-
« pointements si peu en proportion avec les études, avec
« les sacrifices qu'il a fallu subir.

« Or, l'expérience l'apprend, ce n'est que par le pres-
« tige attaché à un corps justement considéré, ce n'est
« que par l'espoir d'un avancement même éloigné, ce
« n'est que sous l'illusion du double prix attaché à toute
« récompense votée ou au moins sanctionnée par cette
« grande famille, si équitable dans ses jugements et dont
« chacun veut par-dessus tout mériter l'estime, que des
« hommes haut placés par leur savoir, par leur expérience,
« peuvent ainsi consentir une aussi franche, une aussi com-
« plète abnégation de leurs intérêts matériels...

« Nous ne craignons pas de le déclarer, ce n'est pas le
« défaut du jour. »

Je voudrais pouvoir terminer cette seconde partie de l'histoire du corps des ponts et chaussées comme j'ai terminé la première, en vous signalant les noms des hommes qui ont ajouté à la gloire qu'il avait déjà acquise au dix-huitième siècle.

Mais mon énumération sera nécessairement très-incomplète, car vous comprenez que je ne dois parler que des morts, dont on peut faire l'éloge sans être suspect de flatterie ; et puis, dans ce développement inouï des travaux publics qui a signalé le dix-neuvième siècle, il est un grand nombre d'œuvres plus remarquables assurément que celles des ingénieurs du siècle dernier, et qui, par suite de l'élévation du niveau des talents, se perdent dans la foule.

Il me serait trop difficile de désigner toutes les œuvres qui attestent un mérite exceptionnel, comme la digue de Cherbourg, le canal du Rhône au Rhin, le canal Saint-Quentin, le canal de l'Ourcq, le canal latéral à la Garonne, le pont de Bordeaux, les ponts d'Iéna et d'Austerlitz, à Paris, l'aqueduc de Roquefavour. Et je laisse à dessein de côté tous les travaux dirigés par des ingénieurs encore vivants, notamment les ponts, viaducs et souterrains construits pour les chemins de fer.

Je ne citerai donc forcément que quelques noms qui doivent vous être particulièrement familiers :

De Prony, qui appartient moitié au dix-huitième siècle, moitié au dix-neuvième, et qui, après Perronet, a si longtemps dirigé l'École des ponts et chaussées ;

Tarbé de Vauxclairs, autre directeur de l'École, qui a publié, sous le titre de *Dictionnaire des travaux publics*, un ouvrage estimé et malheureusement épuisé ;

Brisson, dont les travaux importants sur la navigation intérieure de la France ont été arrêtés par une mort prématurée ;

Navier, qui a fait de si remarquables applications des sciences mathématiques à l'art des constructions ;

Augustin Fresnel, aussi célèbre par ses admirables travaux sur la théorie de la lumière que par les applications pratiques qu'il en a faites au système d'éclairage des phares ;

Enfin Vicat, à qui l'on doit l'immortelle découverte des chaux et des ciments hydrauliques, découverte qui assure la durée des ouvrages contre l'action des eaux, et qui a mérité à son auteur une récompense nationale.

En vous redisant ces noms illustres, je comprends que vous soyez fiers de faire partie du corps dont ils ont porté la gloire si haut et si loin.

Paris. — Imprimé par E. Thunot et Cⁱᵉ, rue Racine, 26.

9 782013 458924